Laura García Beltrán

Soy Psicóloga y coach. Realicé mi formación como terapeuta en el Centro di Terapia Strategica en Arezzo, Italia, bajo la supervisión directa del profesor Giorgio Nardone. Estoy certificada en Disciplina Positiva por la ADP. He dedicado gran parte de mi experiencia profesional a las familias, los adolescentes y los niños en diferentes instituciones en Bogotá y Barcelona. Me apasiona viajar y conocer nuevas culturas. Soy lectora desde pequeña y disfruto mucho escribiendo. Soy madre de una niña y un niño, quienes son mis mejores maestros. Actualmente resido en Barcelona, donde hago parte del equipo interdisciplinar del centro de familia Creix y tengo mi consulta privada.

www.lauragarciabeltran.com

Ana Delgar Dachs

Me gusta definirme como ilustradora, diseñadora y printmaker, pero soy un poco mujer orquesta, siempre buscando la forma de mancharme las manos. Después de cinco años como directora de arte en una agencia de publicidad, decidí emprender mi propia aventura. Actualmente combino mis encargos de freelancer con mi trabajo en el taller. Vivo y trabajo en Barcelona, una ciudad junto al mar que me inspira día a día.

www.anadelgar.com

Nos mudamos

Texto:
Laura García Beltrán

Ilustraciones:
Ana Delgar Dachs

A la familia de Vera le gusta mucho viajar. Van juntos a todas partes. Su última gran aventura ha sido ir a vivir a una pequeña ciudad en Suiza llamada Nyon.

Vera ha vivido en Suiza desde que era bebé. Ahora que ya es mayor,
le gusta mucho su casa, su guardería, el parque, salir con el patinete,
pasear a su hermanito Oliver en el carrito y sobre todo, ¡la nieve!

Durante estos años, sus padres han conocido otras familias con niños.
Y Vera ha hecho muy buenos amigos. Dario es su mejor amigo y vecino.

Inés estudia con Vera en la guardería. Con Lucía se disfraza de princesa. A Vera le gusta mucho tener amigos.

Después de tres bonitos años viviendo en Suiza y conocer diferentes ciudades y pueblos preciosos, los padres de Vera han decidido volver a Barcelona. Es la ciudad donde Vera nació y donde están sus primos, sus tíos y sus abuelos.

muebles

parque

Mama

profesores

papa

Oliver

granja

juguetes

amigos

guardería

coche

Cuando Vera piensa en la mudanza, le resulta algo confuso saber qué se va a Barcelona y qué se queda en Suiza. Así que mamá decide hacer dos listas: las cosas que se van y las cosas que se quedan.

Las cosas que se van a Barcelona: papá, mamá, hermanito Oliver, los muebles del salón, el comedor, las camas, la cuna de Oliver, el coche y lo más importante, ¡los juguetes de Vera! Esto sí que no puede faltar.

Las cosas que se quedan en Suiza: la guardería de Vera y sus profesores. Sus amigos Darío, Inés y Lucía. La casa, la granja y el parque. Vera piensa un momento y dice a mamá un poco triste: pero entonces, si mis amigos se quedan ¿con quién jugaré en Barcelona? ¿Ya no tendré un parque a dónde ir?

Mamá da un abrazo a Vera y le responde: En Barcelona haremos nuevos amigos. Irás a un nuevo colegio donde tendrás actividades muy divertidas.

Conocerás profesores que te enseñarán catalán e inglés. Haremos excursiones con tus primos los fines de semana. Pasaremos tiempo con los abuelitos y podremos ir al zoo y al museo de Joan Miró.

Aunque a Vera le encantan todos estos nuevos planes, ¡echará de menos tantas cosas de Suiza! Tal vez los primeros días allí te sentirás un poco rara, como desubicada.

Pero poco a poco iremos construyendo nuestro lugar en Barcelona, igual que lo hicimos aquí en Suiza. Lo importante es siempre recordar nuestras cosas favoritas de aquí, para así llevarlas a todas partes en nuestra memoria.

Vera parece pensativa... ¡Ya sé! Tengo una idea para no olvidarme de mis personas y lugares preferidos aquí en Suiza. ¡Tomaré fotos a todos!

¡Qué gran idea Vera! dijo papá emocionado. Manos a la obra. Así,
Vera y papá hicieron muchas fotos de sus profesores, su guardería, el
parque de casa, su habitación, el castillo de Nyon y de sus amigos.

Además, para despedirse, Vera horneó muchas magdalenas con la ayuda de mamá y las llevó de regalo a todos los de su guardería.

La última noche antes de la mudanza, Vera soñó con su
vida en Barcelona. Al despertarse, dijo a papá y mamá:
Me gusta mucho Suiza y me encanta Barcelona.

¡Encuentra los objetos repetidos y después coloréalos!

Printed in Great Britain
by Amazon

46246507R00016